책읽는달

들어가며

어려운 논어, 왜 배워야 하나요?

어렵고 딱딱한 논어를 왜 배워야 할까요?
공부를 잘하기 위해서? 시험에서 좋은 성적을 얻기 위해서? 교양 있는 어린이가 되기 위해서?
《논어》는 동양 고전 가운데 지금까지도 널리 익혀지는 책입니다. 중국이나 우리나라뿐만 아니라 전 세계인들이 사랑하는 책입니다. 그 이유는 삶의 철학과 지혜를 배울 수 있으며 오늘을 살아가는 우리가 세상의 이치를 깨닫는 데 도움이 되기 때문입니다.

요즘 시대에 공자님 말씀을 이야기하는 것이 고리타분하게 느껴진다고요?
《논어》는 유교뿐만 아니라 중국의 정치, 철학, 학문 등에 많은 영향을 미쳤으며 우리나라를 비롯한 아시아 지역까지 널리 읽혀진 책입니다.
또한 세상의 보편적 이치를 담고 있기 때문에 한 자 한 자 익히고 따라 쓰면, 어린이 여러분의 인간 됨됨이가 성숙되고 지혜와 생각의 깊이 또한 자랄 것입니다.

공자에 대해 알아봐요
공자는 중국 춘추전국시대의 사상가, 철학자이며 세계 4대 성인 가운데 한 사람입니다. 노나라에서 기원전 551년에 태어난 그는 집안이 가난하여 제대로 된 교육을 받지 못했지만 배우기를 즐겨하여 서른에 그의 사상과 학문을 따르는 사람들이 나타나기 시작했습니다. 공자는 대사구(大司寇)라는 벼슬까지 지냈으며 제자들 또한 큰 벼슬을 하는 훌륭한 인물로 성장하였습니다. 그의 나이 73세인 기원전 479년에 세상을 떠났으며 오늘날까지 성인으로 추앙받고 있습니다.

《논어》에 대해 알아봐요
'논(論)'은 논의하다는 뜻이며 '어(語)'란 대답하다, 설명한다는 뜻입니다. 즉《논어》는 공자와 제자들이 토론한 것과 공자의 말과 행동 등의 기록을 정리한 책입니다. 이 책에는 삶의 자세와 태도, 철학, 정치, 문화, 교육 등 다양한 주제에 대해 이야기하고 있습니다. 총 7권 20편으로 구성되어 있습니다.

《논어》에 나오는 주요 단어에 대해 알아봐요.

1. 인

공자의 사상은 한 단어로 표현하자면 인(仁)으로 정의됩니다. 인이란 다른 사람을 사랑하는 어진 마음을 말합니다. 공자는 인이야말로 자기 자신을 수양하는 밑거름이자, 다른 사람의 마음을 얻을 수 있고, 세상을 다스릴 수 있는 근본적인 이치라고 했습니다.

2. 군자와 소인

이 책에 자주 등장하는 한자어가 군자(君子)와 소인(小人)입니다. 공자는 세상 사람을 군자와 소인으로 구분하였습니다.

군자는 의로움을 추구하며 배우기를 즐기며 인격을 수양하는 어진 사람을 말합니다. 반면 소인은 자신만의 이익과 편안함을 추구하는 사람을 말합니다. 공자는 군자다운 사람이 되어야지 소인이 되지 말라고 당부하고 있습니다.

차례

공부의 즐거움

배우고 때때로 그것을 익히면 또한 기쁘지 않은가? ·········· 08

배우기만 하고 생각하지 않으면 얻는 것이 없다 ·········· 09

알지 못하는 것을 알지 못한다고 하는 것, 이것이 아는 것이다 ·········· 10

어떤 것을 좋아한다는 것은 그것을 즐기는 것만 못하다 ·········· 11

분발하지 않으면 이끌어 주지 않고, 표현하지 않으면 도와주지 않는다 ·········· 12

옛날에 배우는 사람들은 자신의 수양을 위해서 공부했다 ·········· 13

어려움을 겪고서도 배우지 않는 사람은 백성 중에서도 가장 아래이다 ·········· 14

밤새도록 잠자지 않고 생각해 보았지만 공부하는 것만 못했다 ·········· 15

군자는 도를 추구하지 먹을 것을 추구하지 않는다 ·········· 16

배우는 것을 좋아하지 않으면 그 문제는 어리석게 되는 것이다 ·········· 17

절실히 묻고 가까이 생각한다면 인은 그 가운데 있다 ·········· 18

옛것을 익히고 새로운 것을 알면 스승이라고 할 수 있다 ·········· 19

많이 듣고 많이 보고 그것을 안다면, 아는 것에 버금가는 것이다 ·········· 20

배움이란 도달할 수 없는 것같이 하라 ·········· 21

사람의 천성은 서로 비슷하나, 습관으로 인해 서로 멀어진다 ·········· 22

날마다 내가 모르는 것을 알아 가면 배움을 좋아한다고 할 수 있다 ·········· 23

마음 수양

지혜로운 사람은 현혹되지 아니하고, 인한 사람은 근심하지 아니한다 ·········· 24

세 사람이 길을 가면 반드시 나의 스승이 될 만한 사람이 있다 ········· 25

끝난 일은 따지지 말며 이미 지나간 일은 원망하지 않는다 ············· 26

군자는 말에 있어서는 과묵해도 행동에 있어서는 민첩하고자 한다 ········· 27

사람이 멀리 생각하지 않으면 반드시 가까이 근심이 있게 된다 ············· 28

잘못을 하고서도 고치지 않는 것, 이것이 바로 잘못이다 ············· 29

군자는 법도를 생각하지만 소인은 혜택을 생각한다 ············· 30

이익에 따라 행동하면 원망이 많아지게 된다 ············· 31

지위가 없음을 걱정하지 말고 내세울 수 있는 능력을 걱정해야 한다 ········· 32

겉모습과 바탕이 잘 어울려야 군자라 할 만하다 ············· 33

군자는 식사를 하는 순간에도 인을 어기지 않아야 한다 ············· 34

군자는 느긋하고 너그럽지만, 소인은 오래도록 걱정에 싸여 있다 ········· 35

군자는 위로 통하고, 소인은 아래로 통한다 ············· 36

군자는 일의 원인을 자기에게서 구하고, 소인은 원인을 남에게서 찾는다 ········· 37

진실로 잃을까 걱정하면 못 하는 것이 없게 된다 ············· 38

군자에게 용기만 있고 의로움이 없으면 난을 일으킨다 ············· 39

사치하면 공손하지 못하고 검소하면 고루해진다 ············· 40

효심과 우애는 바로 인을 실천하는 근본이다 ············· 41

친구와의 우정

정직한 사람을 벗하고 견문이 많은 사람을 벗하면 이롭다 ············· 42

자기가 원하지 않는 것을 다른 사람에게도 하지 말아야 한다 ········· 43

친구를 사귐에 믿음을 지키지 못한 일은 없는가? ········· 44

군자는 학문으로써 벗을 모으고 벗으로써 인을 수양하는 것을 돕는다 ········· 45

대부 중 현명한 사람을 섬기고 선비 중 인한 사람을 벗해야 한다 ········· 46

자기에 대해 반성을 엄격히 하고 남의 책임을 가볍게 하라 ········· 47

군자는 긍지를 가지지만 다투지는 않는다 ········· 48

여러 사람이 그 사람을 좋아한다고 해도 반드시 잘 살펴야 한다 ········· 49

가고자 하는 길이 같지 않으면 함께 일을 도모하지 않는다 ········· 50

사람의 잘못은 각각 그가 어울리는 무리를 따른다 ········· 51

현명한 친구를 많이 사귀기를 좋아하면 유익하다 ········· 52

군자는 현명한 사람을 존경하고 일반 사람들도 포용한다 ········· 53

내가 남을 알지 못함을 걱정하라 ········· 54

소인은 무리 짓지만 함께 어울리지 못한다 ········· 55

어진 사람을 보면 어깨를 나란히 하려고 생각하라 ········· 56

친구에게 자주 충고하면 곧 멀어지게 된다 ········· 57

친구끼리는 진심으로 좋은 일을 권하고 노력하라 ········· 58

그 자신이 바르지 않으면 비록 명령해도 따르지 않는다 ········· 59

일할 때는 공경히 하며, 남과 어울릴 때는 진실하게 해야 한다 ········· 60

바른 행동

젊은이들은 집에 들어오면 효도하고 나가서는 공손해야 한다 ⋯⋯ 61

무릇 통달한다는 것은 본바탕이 바르고 의로움을 좋아하는 것이다 ⋯⋯ 62

군자는 일하는 데 있어 민첩하고 말은 무게가 있고 점잖다 ⋯⋯ 63

잘못이 있으면 고치는 것을 꺼리지 말아야 한다 ⋯⋯ 64

서두르지 말고 작은 이익을 보려고 하지 마라 ⋯⋯ 65

멀리 가서는 안 되며 떠날 때는 반드시 가는 곳을 알려야 한다 ⋯⋯ 66

군자는 사람들과 화합하지만 같지 않다 ⋯⋯ 67

그 사람이 어떤 이유로 그렇게 하는지를 살펴보라 ⋯⋯ 68

의롭지 않게 부귀를 얻는 것은 나에게 뜬구름과 같다 ⋯⋯ 69

예는 사치스럽기보다는 차라리 검소한 것이 낫다 ⋯⋯ 70

말이 진실하고 믿음직하면 오랑캐의 나라에서라도 행세할 수 있다 ⋯⋯ 71

현명한 사람은 어지러운 세상을 피하고, 얼굴빛이 좋지 않은 이를 피한다 ⋯⋯ 72

공경하지 않는다면 짐승과 무엇으로 구별하겠는가? ⋯⋯ 73

푸짐한 음식을 대접받으면 반드시 얼굴색을 바로잡고 일어나셨다 ⋯⋯ 74

성현의 가르침을 따르지 않으면 역시 도의 경지에 들어갈 수 없다 ⋯⋯ 75

01 공부의 즐거움
배우고 때때로 그것을 익히면 또한 기쁘지 않은가?

〈논어 속 문장〉

배우고 때때로 그것을 익히면 또한 기쁘지 않은가? 벗이 있어 먼 곳에서 찾아오면 또한 즐겁지 않은가? 남이 알아주지 않아도 성내지 않는다면 또한 군자답지 않은가?

▶ 공부하는 즐거움, 친구가 있어 나를 찾아오는 기쁨, 다른 사람이 나를 알아주지 않더라도 화를 내지 않는 군자와 같은 성품에 대해 말하고 있습니다. 배움의 기쁨을 느끼는 어린이가 되도록 해요.

가슴에 새기며 한 문장을 따라 써요.

배	우	고		때	때	로		그	것	을	
익	히	면		또	한		기	쁘	지		않
은	가	?									

'논어 속 문장'을 따라 쓰며 익혀요.

〈원문-학이 편〉

學而時習之 不亦說乎 有朋自遠方來 不亦樂乎 人不知而不慍 不亦君子乎
학이시습지 불역열호 유붕자원방래 불역락호 인부지이불온 불역군자호

02 배우기만 하고 생각하지 않으면 얻는 것이 없다

공부의 즐거움

〈논어 속 문장〉

배우기만 하고 생각하지 않으면 얻는 것이 없고, 생각만 하고 배우지 않으면 위태롭다.

▶ 사람이 배울 때 깊이 생각하지 않으면 남는 것이 없고, 배우지 않으면 위험해질 수 있으므로, 배우고 생각하는 것이 모두 조화를 이뤄야 한다는 뜻입니다.

✏️ 가슴에 새기며 한 문장을 따라 써요.

배	우	기	만		하	고		생	각	하	지	∨
않	으	면		얻	는		것	이		없	다.	
배	우	기	만		하	고		생	각	하	지	∨
않	으	면		얻	는		것	이		없	다.	

📝 '논어 속 문장'을 따라 쓰며 익혀요.

〈원문-위정 편〉

學而不思則罔 思而不學則殆
학이불사즉망 사이불학즉태

03 공부의 즐거움 — 알지 못하는 것을 알지 못한다고 하는 것, 이것이 아는 것이다

<논어 속 문장>

아는 것을 안다고 하고, 알지 못하는 것을 알지 못한다고 하는 것, 이것이 아는 것이다.

▶ 우리는 모르는 것이 있어도 창피해서 아는 척할 때가 있어요. 그러나 공자는 모르는 것은 솔직하게 모른다고 하는 것, 이것이 바로 아는 것이자 공부하는 기본 태도라고 말합니다. 모르는 것은 창피한 일이 아니라는 사실을 명심하세요.

 가슴에 새기며 한 문장을 따라 써요.

알	지		못	하	는		것	을		알	지	∨
못	한	다	고		하	는		것	,	이	것	
이		아	는		것	이	다	.				

'논어 속 문장'을 따라 쓰며 익혀요.

<원문-위정 편>

知之爲知之 不知爲不知 是知也
지지위지지 부지위부지 시지야

04 공부의 즐거움
어떤 것을 좋아한다는 것은 그것을 즐기는 것만 못하다

〈논어 속 문장〉

어떤 것을 안다는 것은 그것을 좋아하는 것만 못하고, 어떤 것을 좋아한다는 것은 그것을 즐기는 것만 못하다.

▶ 배움에 이르는 데에는 아는 것, 좋아하는 것, 즐기는 것의 3단계가 있는데, 이중 즐기는 것이 가장 최고의 경지라고 말했습니다. 아는 것이 많아도, 공부를 열심히 해도, 공부를 즐기는 사람을 이길 수 없다는 뜻입니다.

✏️ 가슴에 새기며 한 문장을 따라 써요.

📝 '논어 속 문장'을 따라 쓰며 익혀요.

〈원문-옹야 편〉

知之者 不如好之者 好之者 不如樂之者
지지자 불여호지자 호지자 불여락지자

05 공부의 즐거움
분발하지 않으면 이끌어 주지 않고, 표현하지 않으면 도와주지 않는다

<논어 속 문장>

분발하지 않으면 이끌어 주지 않고, 표현하지 않으면 도와주지 않으며, 한 귀퉁이를 들어 보여 나머지 세 귀퉁이를 알 만큼 반응하지 않으면, 반복해서 가르치지 않는다.

▶ 학생이 열심히 배우고자 하는 열의가 없으면 선생님이 가르쳐 주는 데에도 한계가 있습니다. 배우고자 하는 간절한 마음이 없으면 그 효과는 떨어진다는 것을 뜻합니다.

가슴에 새기며 한 문장을 따라 써요.

'논어 속 문장'을 따라 쓰며 익혀요.

<원문-술이 편>

不憤不啓 不悱不發 擧一隅 不以三隅反 則不復也
불분불계 불비불발 거일우 불이삼우반 즉불부야

06 옛날에 배우는 사람들은 자신의 수양을 위해서 공부했다

공부의 즐거움

〈논어 속 문장〉

옛날에 배우는 사람들은 자신의 수양을 위해서 했는데, 오늘날 공부하는 사람들은 다른 사람에게 보여 주기 위해 한다.

▶ 공부는 왜 할까요? 공자는 나의 성공이나 부모님의 칭찬, 남에게 보여 주기 위해서 공부하는 것이 아니라 더 나은 자신을 위해 공부하라고 말하고 있습니다.

✏️ 가슴에 새기며 한 문장을 따라 써요.

옛	날	에		배	우	는		사	람	들	은	∨
자	신	의		수	양	을		위	해	서		
공	부	했	다	.								

 '논어 속 문장'을 따라 쓰며 익혀요.

〈원문-헌문 편〉

古之學者爲己 今之學者爲人
고지학자위기 금지학자위인

07 어려움을 겪고서도 배우지 않는 사람은 백성 중에서도 가장 아래이다

공부의 즐거움

<논어 속 문장>

태어나면서 아는 것이 최상이고, 배워서 아는 사람은 그 다음이며, 어려움을 겪고서야 배우는 사람은 또 그다음이며, 어려움을 겪고서도 배우지 않는 사람은 백성 중에서도 가장 아래이다.

▶ 태어나면서 스스로 아는 것은 천재에게만 가능해요. 공자는 시험을 위해, 취업을 위해 공부하는 것이 아니라 평생을 두고 공부하는 사람을 천재 다음 인간으로 높이 칭송하고 있습니다.

 가슴에 새기며 한 문장을 따라 써요.

어	려	움	을		겪	고	서	도		배	우
지		않	는		사	람	은		백	성	
중	에	서	도		가	장		아	래	이	다.

'논어 속 문장'을 따라 쓰며 익혀요.

<원문-계씨 편>

生而知之者 上也 學而知之者 次也 困而學之 又其次也 困而不學 民斯爲下矣
생이지지자 상야 학이지지자 차야 곤이학지 우기차야 곤이불학 민사위하의

08 공부의 즐거움
밤새도록 잠자지 않고 생각해 보았지만 공부하는 것만 못했다

〈논어 속 문장〉

나는 일찍이 종일 먹지 않고 밤새도록 잠자지 않고 생각해 보았지만 유익함이 없었으며 공부하는 것만 못했다.

▶ 우리는 왜 공부하는 것일까요? 공자는 공부하는 것이 세상에서 가장 유익한 것이라고 강조하고 있습니다. 사람이 어떻게 살아야 하는지도 공부를 해야 하며, 공부하면 빠르게 성장할 수 있으며 원하는 것도 좀 더 쉽게 얻을 수 있습니다.

 가슴에 새기며 한 문장을 따라 써요.

밤	새	도	록		잠	자	지		않	고	
생	각	해			보	았	지	만		공	부	하
는		것	만		못	했	다	.			

'논어 속 문장'을 따라 쓰며 익혀요.

〈원문-위령공 편〉

吾嘗終日不食 終夜不寢 以思 無益 不如學也
오상종일불식 종야불침 이사 무익 불여학야

09 공부의 즐거움 | 군자는 도를 추구하지 먹을 것을 추구하지 않는다

〈논어 속 문장〉

군자는 도를 추구하지 먹을 것을 추구하지 않는다. 농사를 지어도 굶주림에 대한 걱정은 그 안에 있지만 배우면 녹봉이 그 속에 있다.

▶ 군자가 공부하는 것은 부자가 되거나 성공하기 위함이 아니라 자신의 인격을 수양하기 위함입니다. 공자는 열심히 일해도 부자가 되는 것은 아니지만, 공부를 열심히 하면 벼슬이 저절로 따라온다고 말하고 있습니다.

 가슴에 새기며 한 문장을 따라 써요.

군	자	는		도	를		추	구	하	지	
먹	을		것	을		추	구	하	지		않
는	다	.									

'논어 속 문장'을 따라 쓰며 익혀요.

〈원문-위령공 편〉

君子謀道不謀食 耕也 餒在其中矣 學也 祿在其中矣
군자모도불모식 경야 뇌재기중의 학야 록재기중의

10 공부의 즐거움
배우는 것을 좋아하지 않으면 그 문제는 어리석게 되는 것이다

〈논어 속 문장〉

인을 좋아하되 배우는 것을 좋아하지 않으면 그 문제는 어리석게 되는 것이요, 용기를 좋아하되 배우는 것을 좋아하지 않으면 그 문제는 질서를 어지럽게 하는 것이다.

▶ 인을 좋아하지만 배우기를 좋아하지 않으면 어리석게 되며, 강한 것을 좋아하되 배우기를 좋아하지 않으면 난폭해집니다. 배우기를 좋아하지 않으면 인과 용기와 같은 덕목도 소용이 없다는 말씀입니다.

가슴에 새기며 한 문장을 따라 써요.

배우는 것을 좋아하지 않으면 그 문제는 어리석게 되는 것이다.

'논어 속 문장'을 따라 쓰며 익혀요.

〈원문-양화 편〉

好仁不好學 其蔽也愚 好勇不好學 其蔽也亂
호인불호학 기폐야우 호용불호학 기폐야란

11 공부의 즐거움
절실히 묻고 가까이 생각한다면 인은 그 가운데 있다

〈논어 속 문장〉

널리 배우고 뜻을 두텁게 하며, 절실히 묻고 가까이 생각한다면 인은 그 가운데 있다.

▶ 공부할 때는 폭넓게 배워야 하며, 배운 것을 묻고 또 묻고, 생각하는 자세를 가져야 합니다.

🖉 가슴에 새기며 한 문장을 따라 써요.

절	실	히		묻	고		가	까	이		생
각	한	다	면		인	은		그		가	운
데		있	다	.							

📝 '논어 속 문장'을 따라 쓰며 익혀요.

〈원문-자장 편〉

博學而篤志 切問而近思 仁在其中矣
박학이독지 절문이근사 인재기중의

12 옛것을 익히고 새로운 것을 알면 스승이라고 할 수 있다

공부의 즐거움

〈논어 속 문장〉

옛것을 익히고 새로운 것을 알면 스승이라고 할 수 있다. 군자는 그릇처럼 일정한 용도에 한정된 사람이 아니다.

▶ 옛날의 것을 쓸모없다고 버리는 것이 아니라, 옛날의 것을 배워서 이를 통해 새로운 것을 창조하는 사람이 위대한 사람입니다. 또 군자는 그릇처럼 한두 가지 모양과 기능만 갖춘 사람이 아니라 다양한 식견을 갖추고 있으며, 융통성이 있고 유연한 사람입니다.

✏️ 가슴에 새기며 한 문장을 따라 써요.

옛	것	을		익	히	고		새	로	운	
것	을			알	면			스	승	이	라	고
할		수		있	다	.					

📝 '논어 속 문장'을 따라 쓰며 익혀요.

〈원문-위정 편〉

溫故而知新 可以爲師矣 君子不器
온고이지신 가이위사의 군자불기

19

13 공부의 즐거움
많이 듣고 많이 보고 그것을 안다면, 아는 것에 버금가는 것이다

〈논어 속 문장〉

대개 잘 알지도 못하면서 창작하는 사람이 있지만 나는 이런 적이 없다. 많이 듣고 그중에서 좋은 것을 골라서 따르고 많이 보고 그것을 안다면, 아는 것에 버금가는 것이다.

▶ 사람이 지식을 얻는 방법은 학교에서 공부하는 것도 있지만, 많이 듣고 많이 보는 것도 방법이 될 수 있습니다. 보고 들은 것 중 좋은 것을 선택해서 나의 것으로 만든다면 지식을 얻을 수 있다는 말씀입니다.

✏️ 가슴에 새기며 한 문장을 따라 써요.

많이 듣고 많이 보고
그것을 안다면, 아는 것
에 버금가는 것이다.

📝 '논어 속 문장'을 따라 쓰며 익혀요.

〈원문-술이 편〉

蓋有不知而作之者 我無是也 多聞擇其善者而從之 多見而識之 知之次也
개유부지이작지자 아무시야 다문택기선자이종지 다견이지지 지지차야

14 배움이란 도달할 수 없는 것같이 하라

공부의 즐거움

＜논어 속 문장＞

배움이란 도달할 수 없는 것같이 하고 오히려 배운 것을 잃어버릴까 두려워해야 한다.

▶ 학교를 졸업하면 배움은 끝이 나는 걸까요? 배움은 끝이 없는 것처럼 계속해서 노력해야 하며, 배울 때조차도 배운 것을 잊어버리지 않을까 걱정하며 더욱 분발해야 한다는 뜻입니다.

가슴에 새기며 한 문장을 따라 써요.

배	움	이	란		도	달	할		수		없
는		것	같	이		하	라	.			
배	움	이	란		도	달	할		수		없
는		것	같	이		하	라	.			

'논어 속 문장'을 따라 쓰며 익혀요.

＜원문-태백 편＞

學如不及 猶恐失之
학여불급 유공실지

15 공부의 즐거움
사람의 천성은 서로 비슷하나, 습관으로 인해 서로 멀어진다

〈논어 속 문장〉

사람의 천성은 서로 비슷하나, 습관으로 인해 서로 멀어진다.

▶ 사람이 타고난 능력은 비슷하지만 매일매일 기르는 습관에 의해서 차이가 결정된다는 뜻입니다. 즉 습관을 통해 사람마다 많은 차이가 생기게 되며 그 차이는 점점 더 커지게 됩니다.

✏️ 가슴에 새기며 한 문장을 따라 써요.

사	람	의		천	성	은		서	로		비
슷	하	나	,	습	관	으	로		인	해	
서	로		멀	어	진	다	.				

📝 '논어 속 문장'을 따라 쓰며 익혀요.

〈원문-양화 편〉

性相近也 習相遠也
성상근야 습상원야

16 공부의 즐거움
날마다 내가 모르는 것을 알아 가면 배움을 좋아한다고 할 수 있다

〈논어 속 문장〉

날마다 내가 모르는 것을 알아 가고, 달마다 내가 할 수 있는 것을 잊지 않으면, 배움을 좋아한다고 할 수 있다.

▶ 내가 부족한 것을 매일매일 배우며, 이를 잊어버리지 않도록 계속 공부해야 한다는 것을 강조한 말씀입니다.

🖉 가슴에 새기며 한 문장을 따라 써요.

날	마	다		내	가		모	르	는		것
을		알	아		가	면		배	움	을	
좋	아	한	다 고		할		수		있	다.

📝 '논어 속 문장'을 따라 쓰며 익혀요.

〈원문-자장 편〉

日知其所亡 月無忘其所能 可謂好學也已矣
일지기소무 월무망기소능 가위호학야이의

17 마음 수양
지혜로운 사람은 현혹되지 아니하고, 인한 사람은 근심하지 아니한다

〈논어 속 문장〉

지혜로운 사람은 현혹되지 아니하고, 인한 사람은 근심하지 아니하며, 용기 있는 사람은 두려워하지 않는다.

▶ 사람이 지혜로우면 이치가 밝아서 유혹되거나 흔들리지 않으며, 인한 사람은 사사로운 욕심이 없고 어진 마음을 가졌기에 걱정이 없습니다. 용기 있는 사람은 공명정대하고 의지가 굳세어 무서워할 것이 없습니다.

✏️ 가슴에 새기며 한 문장을 따라 써요.

📝 '논어 속 문장'을 따라 쓰며 익혀요.

〈원문-자한 편〉

知者不惑 仁者不憂 勇者不懼
지자불혹 인자불우 용자불구

18 마음 수양
세 사람이 길을 가면 반드시 나의 스승이 될 만한 사람이 있다

〈논어 속 문장〉

세 사람이 길을 가면 그중에 반드시 나의 스승이 될 만한 사람이 있다. 그들의 착한 점은 골라서 배우고 좋지 못한 점으로는 나를 바로잡아야 한다.

▶ 친구나 주변 사람들을 통해서도 나는 성장할 수 있습니다. 친구의 장점은 배우고, 단점은 비판만 할 것이 아니라 나를 바로잡는 교훈으로 삼아야 합니다.

✏️ 가슴에 새기며 한 문장을 따라 써요.

세		사	람	이		길	을		가	면	
반	드	시		나	의		스	승	이		될 ∨
만	한		사	람	이		있	다	.		

📝 '논어 속 문장'을 따라 쓰며 익혀요.

〈원문-술이 편〉

三人行 必有我師焉 擇其善者而從之 其不善者而改之
삼인행 필유아사언 택기선자이종지 기불선자이개지

19 마음 수양

끝난 일은 따지지 말며 이미 지나간 일은 원망하지 않는다

〈논어 속 문장〉

이루어진 일은 말하지 않으며 끝난 일은 따지지 말며 이미 지나간 일은 원망하지 않는다.

▶ 지나간 일을 생각하며 후회하거나 속상해하는 경우가 있습니다. 공자는 지나간 일, 이미 끝난 일에 대해서는 다시 비판하거나 원망하지 말라고 말합니다.

🖍 가슴에 새기며 한 문장을 따라 써요.

| 끝 | 난 | | 일 | 은 | | 따 | 지 | 지 | | 말 | 며 | ∨ |

이미 지나간 일은 원망하지 않는다.

📝 '논어 속 문장'을 따라 쓰며 익혀요.

〈원문-팔일 편〉

成事不說 遂事不諫 既往不咎
성사불설 수사불간 기왕불구

20 마음 수양
군자는 말에 있어서는 과묵해도 행동에 있어서는 민첩하고자 한다

〈논어 속 문장〉

군자는 말에 있어서는 과묵해도 행동에 있어서는 민첩하고자 한다.

▶ 군자는 말을 할 때 신중하지만 행동할 때는 빠르다는 뜻입니다. 말만 많고 실천이 따르지 않는 사람을 경계하고 말은 적게 하고 행동이 재빠른 사람을 높이 평가하고 있습니다.

 가슴에 새기며 한 문장을 따라 써요.

군	자	는		말	에		있	어	서	는
과	묵	해	도		행	동	에		있	어	서
는		민	첩	하	고	자		한	다	.

'논어 속 문장'을 따라 쓰며 익혀요.

〈원문-리인 편〉

君子欲訥於言 而敏於行
군자욕눌어언 이민어행

21 마음 수양

사람이 멀리 생각하지 않으면
반드시 가까이 근심이 있게 된다

〈논어 속 문장〉

사람이 멀리 생각하지 않으면 반드시 가까이 근심이 있게 된다.

▶ 사람이 눈앞의 이익에 급급하고 깊이 생각하지 않으면 얼마 안 가서 걱정할 일이 생기게 된다는 말씀입니다.

✏️ 가슴에 새기며 한 문장을 따라 써요.

사	람	이		멀	리		생	각	하	지	
않	으	면		반	드	시		가	까	이	
근	심	이		있	게		된	다	.		

📝 '논어 속 문장'을 따라 쓰며 익혀요.

〈원문-위령공 편〉

人無遠慮, 必有近憂
인무원려 필유근우

22 마음 수양
잘못을 하고서도 고치지 않는 것, 이것이 바로 잘못이다

〈논어 속 문장〉

사람이 도를 넓히는 것이요, 도가 사람을 넓히는 것은 아니다. 잘못을 하고서도 고치지 않는 것, 이것이 바로 잘못이다.

▶ 사람은 스스로 도를 닦기 위해 노력해야 하며 매일의 노력이 그 차이를 만들게 됩니다. 우리는 인간이기 때문에 실수하고 잘못을 저지를 수 있습니다. 공자는 잘못을 했느냐 하지 않았느냐가 문제가 아니라, 잘못을 저지르고도 고치지 않는 것이 잘못이라고 말했습니다.

 가슴에 새기며 한 문장을 따라 써요.

잘	못	을		하	고	서	도		고	치	지	∨
않	는		것	,		이	것	이		바	로	
잘	못	이	다	.								

'논어 속 문장'을 따라 쓰며 익혀요.

〈원문-위령공 편〉

人能弘道 非道弘人 過而不改 是謂過矣
인능홍도 비도홍인 과이불개 시위과의

23 마음 수양
군자는 법도를 생각하지만 소인은 혜택을 생각한다

〈논어 속 문장〉

군자는 덕을 생각하지만 소인은 머무는 곳의 편안함을 생각하고, 군자는 법도를 생각하지만 소인은 혜택을 생각한다.

▶ 군자는 인격을 수양하고 제도, 법률, 예절 등을 지키기 위해 노력하는 반면 소인은 자기 자신의 이익만을 생각한다는 뜻입니다.

✏️ 가슴에 새기며 한 문장을 따라 써요.

군자는 법도를 생각하지만 소인은 혜택을 생각한다.

📝 '논어 속 문장'을 따라 쓰며 익혀요.

〈원문-리인 편〉

君子懷德 小人懷土 君子懷刑 小人懷惠
군자회덕 소인회토 군자회형 소인회혜

24 마음 수양

이익에 따라 행동하면 원망이 많아지게 된다

〈논어 속 문장〉

이익에 따라 행동하면 원망이 많아지게 된다.

▶ 내 이익만을 추구하다 보면 다른 사람에게 피해를 주게 되어 결국 인간관계가 멀어진다는 이야기입니다.

✏️ 가슴에 새기며 한 문장을 따라 써요.

이	익	에		따	라		행	동	하	면	
원	망	이		많	아	지	게		된	다	.
이	익	에		따	라		행	동	하	면	
원	망	이		많	아	지	게		된	다	.

📝 '논어 속 문장'을 따라 쓰며 익혀요.

〈원문-리인 편〉

放於利而行 多怨
방어리이행 다원

25 지위가 없음을 걱정하지 말고
내세울 수 있는 능력을 걱정해야 한다

마음 수양

〈논어 속 문장〉

지위가 없음을 걱정하지 말고 내세울 수 있는 능력을 걱정해야 하며, 자기를 알아주지 않음을 걱정하지 말고 남이 알아줄 만하게 되도록 노력하라.

▶ 나에게 높은 지위가 없음을 걱정하지 말고, 내가 그러한 지위에 맞는 능력이 있는지를 살펴보고 먼저 인을 쌓는 데 노력해야 한다는 뜻입니다. 또 다른 사람이 먼저 알아주는 사람이 되도록 자신의 능력과 인격을 수양하라고 말하고 있습니다.

 가슴에 새기며 한 문장을 따라 써요.

지위가 없음을 걱정하지
말고 내세울 수 있는
능력을 걱정해야 한다.

'논어 속 문장'을 따라 쓰며 익혀요.

〈원문 - 리인 편〉

不患無位 患所以立 不患莫己知 求爲可知也
불환무위 환소이립 불환막기지 구위가지야

26 마음 수양
겉모습과 바탕이 잘 어울려야 군자라 할 만하다

〈논어 속 문장〉

바탕이 겉모습을 이기면 촌스럽고, 겉모습이 바탕을 이기면 형식적이게 된다. 겉모습과 바탕이 잘 어울려야 군자라 할 만하다.

▶ 형식이 중요한가, 내용이 중요한가에 대해 공자는 둘 다 중요하므로, 두 가지 모두 갖추어야 한다고 결론 내리고 있습니다.

✏️ 가슴에 새기며 한 문장을 따라 써요.

겉	모	습	과		바	탕	이		잘		어
울	려	야		군	자	라		할		만	하
다	.										

📔 '논어 속 문장'을 따라 쓰며 익혀요.

〈원문-옹야 편〉

質勝文則野 文勝質則史 文質彬彬 然後君子
질승문즉야 문승질즉사 문질빈빈 연후군자

27 마음 수양
군자는 식사를 하는 순간에도 인을 어기지 않아야 한다

<논어 속 문장>

부유함과 귀함은 사람들이 원하는 것이지만 그것을 정당하게 얻은 것이 아니라면 누리지 말아야 한다. 군자는 식사를 하는 순간에도 인을 어기지 않아야 한다.

▶ 사람이 부귀를 얻더라도 올바른 방법으로 얻은 게 아니라면 그것을 가지거나 혜택을 누려서는 안 되며 한순간도 이를 잊어서는 안 된다는 말씀입니다.

가슴에 새기며 한 문장을 따라 써요.

군	자	는		식	사	를		하	는		순
간	에	도		인	을		어	기	지		않
아	야		한	다	.						

'논어 속 문장'을 따라 쓰며 익혀요.

<원문-리인 편>

富與貴 是人之所慾也 不以其道得之 不處也 君子無終食之間違仁
부여귀 시인지소욕야 불이기도득지 불처야 군자무종식지문위인

28 마음 수양
군자는 느긋하고 너그럽지만, 소인은 오래도록 걱정에 싸여 있다

〈논어 속 문장〉

군자는 느긋하고 너그럽지만, 소인은 오래도록 걱정에 싸여 있다.

▶ 군자는 대의를 추구하기 때문에 항상 마음이 여유롭고 즐겁지만 소인은 사사로운 욕심을 추구하기 때문에 가진 것을 잃어버릴까 봐 전전긍긍하므로 마음에 늘 걱정거리가 가득합니다.

 가슴에 새기며 한 문장을 따라 써요.

군	자	는		느	긋	하	고		너	그	럽
지	만	,		소	인	은		오	래	도	록
걱	정	에		싸	여		있	다	.		

'논어 속 문장'을 따라 쓰며 익혀요.

〈원문-술이 편〉

君子坦蕩蕩 小人長戚戚
군자탄탕탕 소인장척척

29 마음 수양
군자는 위로 통하고, 소인은 아래로 통한다

〈논어 속 문장〉

군자는 위로 통하고, 소인은 아래로 통한다.

▶ '위로 통한다'는 것은 좀 더 높은 이상을 추구하거나 공명정대한 것을 말합니다. '아래로 통한다'는 것은 세속적 욕심을 말합니다. 즉 군자는 바른 도리에 따라 살아가기 때문에 항상 발전하고 소인은 자신의 이해관계만 따져서 나날이 후퇴한다는 뜻입니다.

 가슴에 새기며 한 문장을 따라 써요.

군	자	는		위	로		통	하	고	,	소
인	은			아	래	로		통	한	다	.
군	자	는		위	로		통	하	고	,	소
인	은			아	래	로		통	한	다	.

'논어 속 문장'을 따라 쓰며 익혀요.

〈원문-현문 편〉

君子上達 小人下達
군자상달 소인하달

30 마음 수양
군자는 일의 원인을 자기에게서 구하고, 소인은 원인을 남에게서 찾는다

〈논어 속 문장〉

군자는 일의 원인을 자기에게서 구하고, 소인은 원인을 남에게서 찾는다.

▶ 무슨 일이 일어났을 때 다른 사람을 탓하거나 다른 데서 그 원인을 찾으려는 친구들을 볼 수 있죠? 그러나 군자는 어떤 일이 일어난 이유나 책임이 자기에게 있다고 생각하며 다른 사람의 탓으로 돌리지 않습니다.

✏️ 가슴에 새기며 한 문장을 따라 써요.

군	자	는		일	의		원	인	을		자
기	에	게	서		구	하	고	,	소	인	은
원	인	을		남	에	게	서		찾	는	다 .

 '논어 속 문장'을 따라 쓰며 익혀요.

〈원문-위령공 편〉

君子求諸己 小人求諸人
군자구제기 소인구제인

31 마음 수양
진실로 잃을까 걱정하면 못 하는 것이 없게 된다

〈논어 속 문장〉

원하는 것을 아직 얻지 못했을 때는 그것을 얻으려고 걱정하고, 이미 그것을 얻고 나서는 잃을까 걱정한다. 진실로 잃을까 걱정하면 못 하는 것이 없게 된다.

▶ 권력이나 재물을 가지지 못했을 때 그것을 가지기 위해 근심하고, 권력이나 재물을 가지게 되었을 때는 혹시나 그것을 잃어버릴게 될까 근심하게 됩니다. 더 나아가 그것을 계속 가지기 위해 나쁜 일도 서슴지 않게 된다는 말씀입니다.

✏️ 가슴에 새기며 한 문장을 따라 써요.

진	실	로		잃	을	까		걱	정	하	면	∨
못		하	는		것	이		없	게		된
다	.

📝 '논어 속 문장'을 따라 쓰며 익혀요.

〈원문-양화 편〉

其未得之也 患得之 既得之 患失之 苟患失之 無所不至矣
기미득지야 환득지 기득지 환실지 구환실지 무소부지의

32 마음 수양
군자에게 용기만 있고 의로움이 없으면 난을 일으킨다

〈논어 속 문장〉

군자는 의로움을 숭상한다. 군자에게 용기만 있고 의로움이 없으면 난을 일으키고, 소인에게 용기만 있고 의로움이 없으면 도둑이 될 것이다.

▶ 용기만 있고 올바른 생각이 없으면 반란을 일으키는 사람이 되거나 도둑이 될 수 있으므로 용기와 함께 올바른 생각도 가져야 할 것을 강조한 말씀입니다.

✏️ 가슴에 새기며 한 문장을 따라 써요.

군	자	에	게		용	기	만		있	고	
의	로	움	이		없	으	면		난	을	
일	으	킨	다	.							

📝 '논어 속 문장'을 따라 쓰며 익혀요.

〈원문-양화 편〉

君子義以爲上 **君子有勇而無義爲亂** 小人有勇而無義爲盜
군자의이위상 **군자유용이무의위란** 소인유용이무의위도

33 마음 수양
사치하면 공손하지 못하고 검소하면 고루해진다

〈논어 속 문장〉

사치하면 공손하지 못하고 검소하면 고루해진다. 공손하지 못한 것보다는 고루한 것이 낫다.

▶ 사람이 사치스러우면 우쭐한 마음에 다른 사람을 존중할 줄 모르게 됩니다. 반면 검소한 사람은 완고하고 식견이 좁을 수 있습니다. 그래도 공자는 사치스러운 것보다 고루한 사람이 더 낫다고 했습니다.

✏️ 가슴에 새기며 한 문장을 따라 써요.

사	치	하	면		공	손	하	지		못	하
고		검	소	하	면		고	루	해	진	다.
사	치	하	면		공	손	하	지		못	하
고		검	소	하	면		고	루	해	진	다.

📝 '논어 속 문장'을 따라 쓰며 익혀요.

〈원문 - 술이 편〉

奢則不遜 儉則固 與其不遜也 寧固
사즉불손 검즉고 여기불손야 녕고

34 효심과 우애는 바로 인을 실천하는 근본이다
마음 수양

〈논어 속 문장〉

그 사람됨이 효심과 우애가 있으면서 윗사람을 해치기를 좋아하는 사람은 드물다. 효심과 우애는 바로 인을 실천하는 근본이다.

▶ 부모님께 효도하고 형제간에 우애가 있는 사람은 친구들과의 관계도 원만하며 웃어른을 공경하기 마련입니다. 효도와 우애가 인을 실천하는 기본이 되기 때문입니다.

✏️ 가슴에 새기며 한 문장을 따라 써요.

효	심	과		우	애	는		바	로		인
을		실	천	하	는		근	본	이	다	.
효	심	과		우	애	는		바	로		인
을		실	천	하	는		근	본	이	다	.

📝 '논어 속 문장'을 따라 쓰며 익혀요.

〈원문-학이 편〉

其爲人也孝弟 而好犯上者 鮮矣 孝弟也者 基爲仁之本與
기위인야효제 이호범상자 선의 효제야자 기위인지본여

35 정직한 사람을 벗하고 견문이 많은 사람을 벗하면 이롭다

친구와의 우정

<논어 속 문장>

정직한 사람을 벗하고 믿음이 있는 사람을 벗하고 견문이 많은 사람을 벗하면 이롭다. 가식적인 사람을 벗하고 겉과 속이 다른 사람을 벗하고 말만 그럴듯한 사람을 벗하면 해롭다.

▶ 공자는 이로운 친구가 셋이 있는데 정직한 친구, 믿음직한 친구, 박학다식한 친구라고 했습니다. 이러한 이로운 친구는 나를 더욱 성숙시켜 주는 좋은 짝이 되어 줍니다.

 가슴에 새기며 한 문장을 따라 써요.

정	직	한		사	람	을		벗	하	고	
견	문	이		많	은		사	람	을		벗
하	면		이	롭	다	.					

'논어 속 문장'을 따라 쓰며 익혀요.

<원문-계씨 편>

友直 友諒 友多聞 益矣 友便辟 友善柔 友便佞 損矣
우직 우량 우다문 익의 우편벽 우선유 우편녕 손의

36 친구와의 우정
자기가 원하지 않는 것을 다른 사람에게도 하지 말아야 한다

<논어 속 문장>

문을 나서면 큰 손님을 뵙듯이 하고 백성을 부릴 때는 큰 제사를 모시듯이 하며 자기가 원하지 않는 것을 다른 사람에게도 하지 말아야 한다.

▶ 집 밖에서 만나는 사람을 귀중한 손님을 대하듯이 공경해야 하며, 다른 사람에게 일을 부탁할 때는 제사를 받들 듯이 공손해야 하며, 내가 하기 싫은 일은 다른 사람에게도 요구해서는 안 된다는 뜻입니다.

 가슴에 새기며 한 문장을 따라 써요.

자	기	가		원	하	지		않	는		것
을		다	른		사	람	에	게	도		하
지		말	아	야		한	다	.			

'논어 속 문장'을 따라 쓰며 익혀요.

<원문-안연 편>

出門如見大賓 使民如承大祭 己所不欲 勿施於人
출문여견대빈 사민여승대제 기소불욕 물시어인

37 친구를 사귐에 믿음을 지키지 못한 일은 없는가?

친구와의 우정

〈논어 속 문장〉

남을 위해 일을 도모하면서 진실하지 못한 점은 없는가? 친구를 사귐에 믿음을 지키지 못한 일은 없는가? 배운 것을 익히지 않았는가?

▶ 증자는 매일 위의 세 가지 측면에서 자신을 반성하였습니다. 즉 다른 사람을 위해 일할 때 충실하였는지, 친구를 사귈 때 진실하였는지, 배운 것을 제대로 익히지 못한 것은 없는지를 돌아보았습니다.

 가슴에 새기며 한 문장을 따라 써요.

친	구	를		사	귐	에		믿	음	을	
지	키	지		못	한		일	은		없	는
가	?										

'논어 속 문장'을 따라 쓰며 익혀요.

〈원문-학이 편〉

爲人謀而不忠乎 與朋友交而不信乎 傳不習乎
위인모이불충호 여붕우교이불신호 전불습호

38 친구와의 우정

군자는 학문으로써 벗을 모으고 벗으로써 인을 수양하는 것을 돕는다

〈논어 속 문장〉

군자는 학문으로써 벗을 모으고 벗으로써 인을 수양하는 것을 돕는다.

▶ 군자는 돈이나 이익으로써 친구를 사귀는 것이 아니라 학문으로써 진정한 친구 관계를 맺고, 친구와 함께 인을 닦는 것을 서로 격려합니다. 친구를 사귀는 것은 우정을 나누는 것뿐만 아니라 나의 인격과 배움을 높이는 과정이기도 합니다.

 가슴에 새기며 한 문장을 따라 써요.

군	자	는		학	문	으	로	써		벗	을	∨
모	으	고		벗	으	로	써		인	을		
수	양	하	는		것	을		돕	는	다	.	

'논어 속 문장'을 따라 쓰며 익혀요.

〈원문-안연 편〉

君子 以文會友 以友輔仁
군자 이문회우 이우보인

39 대부 중 현명한 사람을 섬기고 선비 중 인한 사람을 벗해야 한다

친구와의 우정

<논어 속 문장>

기술자가 그 일을 잘하려면 반드시 먼저 자신의 연장을 예리하게 손질한다. 마찬가지로 어느 나라에서 살든지 그 대부 중 현명한 사람을 섬기고 그 선비 중 인한 사람을 벗해야 한다.

▶ 대부는 벼슬을 지내는 선비나, 남자 친척 어른을 일컫는 말입니다. 공자는 현명하고 인한 사람과 가까이 지낼 것을 강조하고 있습니다. 어떤 사람과 친구로 지내고 교류하느냐에 따라 나의 현재와 미래에 많은 영향을 미치기 때문입니다.

✏️ 가슴에 새기며 한 문장을 따라 써요.

대	부		중		현	명	한		사	람	을	∨
섬	기	고		선	비		중		인	한		
사	람	을		벗	해	야		한	다	.		

 '논어 속 문장'을 따라 쓰며 익혀요.

<원문-위령공 편>

工欲善其事 必先利其器 居是邦也 事其大夫之賢者 友其士之仁者
공욕선기사 필선리기기 거시방야 사기대부지현자 우기사지인자

40 자기에 대해 반성을 엄격히 하고 남의 책임을 가볍게 하라

친구와의 우정

〈논어 속 문장〉

자기에 대해 반성을 엄격히 하고 남의 책임을 가볍게 하면 원망이 멀어진다.

▶ 자기의 잘못에 대해서는 철저하고 다른 사람의 잘못에 대해 원망하거나 책임 지우지 않는다면, 사람들이 그 사람을 좋아하고 따르게 됩니다.

가슴에 새기며 한 문장을 따라 써요.

자기에 대해 반성을 엄격히 하고 남의 책임을 가볍게 하라.

'논어 속 문장'을 따라 쓰며 익혀요.

〈원문-위령공 편〉

躬自厚而薄責於人 則遠怨矣
궁자후이박책어인 즉원원의

41 군자는 긍지를 가지지만 다투지는 않는다

친구와의 우정

〈논어 속 문장〉

군자는 긍지를 가지지만 다투지는 않으며 여럿이 어울리지만 편을 가르지는 않는다.

▶ 군자는 자존감을 가지고 살아가지만, 다른 사람과 다투지 않습니다. 또한 친구나 주변 사람들과 잘 화합하지만 그렇다고 무리를 만들거나 편 가르기를 하지 않습니다. 즉 군자는 독립적이지만 한편으로는 다른 사람과 잘 어울립니다.

✏️ 가슴에 새기며 한 문장을 따라 써요.

군	자	는		긍	지	를		가	지	지	만	V
다	투	지	는		않	는	다	.				
군	자	는		긍	지	를		가	지	지	만	V
다	투	지	는		않	는	다	.				

📝 '논어 속 문장'을 따라 쓰며 익혀요.

〈원문-위령공 편〉

君子矜而不爭 群而不黨
군자긍이부쟁 군이부당

42 친구와의 우정
여러 사람이 그 사람을 좋아한다고 해도 반드시 잘 살펴야 한다

〈논어 속 문장〉

여러 사람이 그 사람을 미워하더라도 반드시 잘 살펴야 하며, 여러 사람이 그 사람을 좋아한다고 해도 반드시 잘 살펴야 한다.

▶ 우리는 인간이기 때문에 다른 사람에 대해 잘못 평가할 수 있답니다. 그러므로 많은 사람이 그 사람의 단점에 대해 말하더라도 남의 의견만을 따르지 말고 잘못된 소문이 아닌지 살펴야 하며, 많은 사람이 좋다고 하더라도 무턱대고 믿지 말고 스스로 잘 판단해야 합니다.

 가슴에 새기며 한 문장을 따라 써요.

여	러		사	람	이		그		사	람	을	∨
좋	아	한	다	고		해	도		반	드	시	∨
잘		살	펴	야		한	다	.				

'논어 속 문장'을 따라 쓰며 익혀요.

〈원문-위령공 편〉

衆惡之 必察焉 衆好之 必察焉
중오지 필찰언 중호지 필찰언

43 친구와의 우정
가고자 하는 길이 같지 않으면 함께 일을 도모하지 않는다

〈논어 속 문장〉

가고자 하는 길이 같지 않으면 함께 일을 도모하지 않는다.

▶ 내 생각과 같지 않은 사람과는 함께 무언가를 꾀하면 이득이 없거나 오히려 좋지 않은 일이 생길 수 있습니다. 나와 세상을 바라보는 가치관이 같은 사람과 관계를 맺으면, 그 가치관이 더욱 빛나며 상승효과가 더 날 수 있다는 말입니다.

✏️ 가슴에 새기며 한 문장을 따라 써요.

가	고	자		하	는		길	이		같	지	∨
않	으	면		함	께		일	을		도	모	
하	지		않	는	다	.						

📝 '논어 속 문장'을 따라 쓰며 익혀요.

〈원문-위령공 편〉

道不同 不相爲謀
도부동 불상위모

44 친구와의 우정
사람의 잘못은 각각 그가 어울리는 무리를 따른다

‹논어 속 문장›

사람의 잘못은 각각 그가 어울리는 무리를 따른다. 잘못을 보면 곧 그 사람이 어느 정도 인한지를 알 수 있다.

▶ 사람의 생각이나 행동은 그가 속해 있는 무리나 친구를 크게 벗어나지 않기 때문에 그 사람이 속해 있는 집단을 보면 그 사람을 판단할 수 있습니다. 또한 그 사람이 저지른 잘못을 관찰하면 됨됨이를 파악할 수 있습니다.

✏️ 가슴에 새기며 한 문장을 따라 써요.

사	람	의		잘	못	은		각	각		그
가		어	울	리	는		무	리	를		따
른	다	.									

📝 '논어 속 문장'을 따라 쓰며 익혀요.

‹원문-리인 편›

人之過也 各於其黨 觀過 斯知仁矣
인지과야 각어기당 관과 사지인의

45 친구와의 우정

현명한 친구를 많이 사귀기를 좋아하면 유익하다

〈논어 속 문장〉

예악의 법도를 즐거워하고 다른 사람의 좋은 점을 말하기를 좋아하고 현명한 친구를 많이 사귀기를 좋아하면 유익하다.

▶ 공자는 자신에게 도움이 되는 즐거움이 세 가지가 있다고 했습니다. 예악(예의범절과 음악)의 법도 따르기와 다른 사람의 장점 말하기, 현명한 친구 사귀기가 그 세 가지라고 했습니다. 해로운 즐거움보다는 나에게 도움이 되는 즐거움을 많이 누려야겠죠?

✏️ 가슴에 새기며 한 문장을 따라 써요.

현	명	한		친	구	를		많	이		사
귀	기	를		좋	아	하	면		유	익	하
다	.										

📝 '논어 속 문장'을 따라 쓰며 익혀요.

〈원문-계씨 편〉

樂節禮樂 樂道人之善 樂多賢友 益矣
락절예악 락도인지선 락다현우 익의

46 군자는 현명한 사람을 존경하고 일반 사람들도 포용한다

친구와의 우정

⟨논어 속 문장⟩

군자는 현명한 사람을 존경하고 일반 사람들도 포용하며, 선한 사람을 훌륭히 여기고 능력이 없는 사람을 불쌍히 여긴다.

▶ 공자의 제자, 자하는 좋은 사람과 친구로 사귀어야 하며 그렇지 못한 사람은 아예 사귀지 말라고 했습니다. 반면 자장은 그러한 행동은 군자의 올바른 태도가 아니라고 말하며, 훌륭한 사람을 존경하며 친하게 지내되, 자기보다 못한 사람도 포용해야 한다고 말했습니다.

✏️ 가슴에 새기며 한 문장을 따라 써요.

군	자	는		현	명	한		사	람	을	
존	경	하	고		일	반		사	람	들	도
포	용	한	다	.							

📝 '논어 속 문장'을 따라 쓰며 익혀요.

⟨원문-자장 편⟩

君子尊賢而容衆 嘉善而矜不能
군자존현이용중 가선이긍불능

47 내가 남을 알지 못함을 걱정하라

친구와의 우정

〈논어 속 문장〉

남이 나를 알아주지 못하는 것을 걱정하지 말고, 내가 남을 알지 못함을 걱정하라.

▶ 다른 사람이 나를 알아주지 못함을 속상해하지 말고 혹시나 내가 다른 사람의 마음을 잘 헤아리지 못하고 있는 것은 아닌지를 생각해야 합니다. 다른 사람의 평가가 중요한 것이 아니라 내가 나를 인정하고 다른 사람을 알아주는 것이 중요합니다.

✏️ 가슴에 새기며 한 문장을 따라 써요.

내	가		남	을		알	지		못	함	을	∨
걱	정	하	라	.								
내	가		남	을		알	지		못	함	을	∨
걱	정	하	라	.								

📝 '논어 속 문장'을 따라 쓰며 익혀요.

〈원문-학이 편〉

不患人之不己知 患不知人也
불환인지불기지 환불지인야

48 소인은 무리 짓지만 함께 어울리지 못한다

친구와의 우정

〈논어 속 문장〉

군자는 함께 어울리되 무리 짓지 않고, 소인은 무리 짓지만 함께 어울리지 못한다.

▶ 군자는 여러 사람과 어울리지만 편을 가르지 않습니다. 반면 소인은 여럿이 무리를 이루어 다니지만, 화합해야 할 때는 함께 어울리지 못합니다.

✏️ 가슴에 새기며 한 문장을 따라 써요.

소	인	은		무	리		짓	지	만		함
께		어	울	리	지		못	한	다	.	
소	인	은		무	리		짓	지	만		함
께		어	울	리	지		못	한	다	.	

📝 '논어 속 문장'을 따라 쓰며 익혀요.

〈원문-위정 편〉

君子周而不比 小人比而不周
군자주이불비 소인비이불주

49 친구와의 우정
어진 사람을 보면 어깨를 나란히 하려고 생각하라

〈논어 속 문장〉

어진 사람을 보면 어깨를 나란히 하려고 생각하고, 어질지 못한 사람을 보면 스스로 속으로 반성한다.

▶ 나보다 나은 사람이나 앞선 사람을 보면 나도 그 사람처럼 되려고 노력하라는 말씀입니다. 반면 어리석거나 뒤처진 사람을 보면 나에게도 그러한 점이 없는지 돌아보고 주의해야 합니다.

✏️ 가슴에 새기며 한 문장을 따라 써요.

어	진		사	람	을		보	면		어	깨
를		나	란	히		하	려	고		생	각
하	라	.									

📝 '논어 속 문장'을 따라 쓰며 익혀요.

〈원문-리인 편〉

見賢思齊焉 見不賢而內自省也
견현사제언 견불현이내자성야

50 친구와의 우정

친구에게 자주 충고하면 곧 멀어지게 된다

<논어 속 문장>

임금을 모실 때 자주 간언을 하면 곧 모욕을 당하게 되고, 친구에게 자주 충고하면 곧 멀어지게 된다.

▶ 올바른 말을 한다는 것이 항상 좋은 일일까요? 남에게 지적을 당하면 기분이 상하고 간혹 반발하는 사람도 있습니다. 그래서 공자는 다른 사람에게 자주 충고하면 오히려 인간관계가 서먹해질 수 있으므로 꼭 필요한 때, 적절한 때 충고할 것을 권합니다.

 가슴에 새기며 한 문장을 따라 써요.

친	구	에	게		자	주		충	고	하	면	∨
곧		멀	어	지	게		된	다	.			
친	구	에	게		자	주		충	고	하	면	∨
곧		멀	어	지	게		된	다	.			

'논어 속 문장'을 따라 쓰며 익혀요.

<원문-리인 편>

事君數 斯辱矣 朋友數 斯疏矣
사군삭 사욕의 붕우삭 사소의

51 친구와의 우정
친구끼리는 진심으로 좋은 일을 권하고 노력하라

<논어 속 문장>

간절히 좋은 일을 권하고 노력하며, 잘 화합하고 기쁘게 지내면 선비라고 할 수 있다. 친구끼리는 진심으로 좋은 일을 권하고 노력하며, 형제간에는 화합하며 기쁘게 지낸다.

▶ 한자 원문에서 '절절'은 간곡하고 절실한 모양을, '시시'는 서로 착한 일을 권하는 모양을, '이이'는 즐겁고 화합하는 모양을 뜻합니다.

가슴에 새기며 한 문장을 따라 써요.

친구끼리는 진심으로 좋은 일을 권하고 노력하라.

'논어 속 문장'을 따라 쓰며 익혀요.

<원문-자로 편>

切切偲偲 怡怡如也 可謂士矣 朋友切切偲偲 兄弟怡怡
절절시시 이이여야 가위사의 붕우절절시시 형제이이

52 친구와의 우정
그 자신이 바르지 않으면 비록 명령해도 따르지 않는다

〈논어 속 문장〉

그 자신이 바르면 다른 사람에게 명령하지 않아도 행해지지만, 그 자신이 바르지 않으면 비록 명령해도 따르지 않는다.

▶ 내가 올바르게 행동하지 않으면 다른 사람들이 내 말과 행동을 믿지 않게 됩니다. 스스로 솔선수범해야 다른 사람들도 나를 믿고 따르게 됩니다.

✏️ 가슴에 새기며 한 문장을 따라 써요.

그		자	신	이		바	르	지		않	으
면		비	록		명	령	해	도		따	르
지		않	는	다	.						

📝 '논어 속 문장'을 따라 쓰며 익혀요.

〈원문-자로 편〉

其身正 不令而行 其身不正 雖令不從
기신정 불령이행 기신부정 수령부종

53 친구와의 우정
일할 때는 공경히 하며, 남과 어울릴 때는 진실하게 해야 한다

〈논어 속 문장〉

거처할 때는 공손히 하고, 일할 때는 공경히 하며, 남과 어울릴 때는 진실하게 해야 하며, 비록 오랑캐의 땅에 가더라도 이를 버리지 말아야 한다.

▶ 평소 지낼 때는 말과 행동이 겸손하고 예의 바르게 해야 하며, 어떠한 일을 할 때는 억지로 하지 말고 사명감을 가지고 하며, 다른 사람과 지낼 때는 진심을 다해야 합니다.

 가슴에 새기며 한 문장을 따라 써요.

일할 때는 공경히 하며,
남과 어울릴 때는 진실
하게 해야 한다.

'논어 속 문장'을 따라 쓰며 익혀요.

〈원문-자로 편〉

居處恭 執事敬 與人忠 雖之夷狄 不可棄也
거처공 집사경 여인충 수지이적 불가기야

54 바른 행동
젊은이들은 집에 들어오면 효도하고 나가서는 공손해야 한다

〈논어 속 문장〉

젊은이들은 집에 들어오면 효도하고 나가서는 공손하며, 말과 행동을 삼가고 믿음이 있으며, 많은 사람을 사랑하고 인한 사람과 친하게 지내야 한다.

▶ 나이가 어린 사람들은 부모님께 효도하고 밖에 나가서는 웃어른을 공경하며, 언제나 말과 행동을 조심해야 합니다. 또 많은 사람을 사랑하고, 인한 사람과 가까이 지내야 합니다.

✏️ 가슴에 새기며 한 문장을 따라 써요.

젊	은	이	들	은		집	에		들	어	오
면		효	도	하	고		나	가	서	는	
공	손	해	야		한	다	.				

 '논어 속 문장'을 따라 쓰며 익혀요.

〈원문-학이 편〉

弟子入則孝 出則弟 謹而信 汎愛衆而親仁
제자입즉효 출즉제 근이신 범애중이친인

55 바른 행동
무릇 통달한다는 것은 본바탕이 바르고 의로움을 좋아하는 것이다

<논어 속 문장>

무릇 통달한다는 것은 본바탕이 바르고 의로움을 좋아하며, 남의 말을 잘 살피고 모습을 잘 관찰하며, 자신을 남보다 낮추어 생각하는 것이다.

▶ '통달'이란 인격을 수양하고, 학문이 높고, 세상의 이치를 파악하는 통찰력이 있는 상태를 말합니다. 이런 사람은 성품이 올바르며, 다른 사람의 말과 행동을 잘 살피며, 잘난 척하기보다는 겸손하게 생각하며, 스스로를 잘 다스릴 줄 압니다.

 가슴에 새기며 한 문장을 따라 써요.

무	릇		통	달	한	다	는		것	은	
본	바	탕	이		바	르	고		의	로	움
을		좋	아	하	는		것	이	다	.	

'논어 속 문장'을 따라 쓰며 익혀요.

<원문-안연 편>

夫達也者 質直而好義 察言而觀色 慮以下人
부달야자 질직이호의 찰언이관색 려이하인

56 바른 행동
군자는 일하는 데 있어 민첩하고 말은 무게가 있고 점잖다

〈논어 속 문장〉

군자는 먹는 것에 대해 배부름을 요구하지 않고, 거처하는 데 편안하기를 요구하지 않는다. 또한 일하는 데 있어 민첩하고 말은 무게가 있고 점잖다.

▶ 누구나 편안히 먹고, 놀고, 즐기는 것을 좋아합니다. 그러나 군자는 그러한 마음을 억제하고 자신을 수양하고 공부하는 데에 힘을 씁니다. 또한 일할 때는 신속하고 정확해야 하지만, 말을 할 때는 신중해야 합니다.

 가슴에 새기며 한 문장을 따라 써요.

군자는 일하는 데 있어 ∨
민첩하고 말은 무게가
있고 점잖다.

'논어 속 문장'을 따라 쓰며 익혀요.

〈원문-학이 편〉

君子食無求飽 居無求安 敏於事而慎於言
군자식무구포 거무구안 민어사이신어언

57 잘못이 있으면 고치는 것을 꺼리지 말아야 한다

바른 행동

〈논어 속 문장〉

진심과 믿음을 주인으로 삼고 자기만 못한 사람과 사귀지 말며 잘못이 있으면 고치는 것을 꺼리지 말아야 한다.

▶ 군자가 되려면 위의 덕목을 가질 것을 권하고 있습니다. 항상 진실하고 믿음직스러워야 하며, 자기보다 나은 사람과 사귀며, 자기에게 잘못이 있다면 고치기를 게을리 해서는 안 됩니다.

가슴에 새기며 한 문장을 따라 써요.

잘못이 있으면 고치는 것을 꺼리지 말아야 한다.

'논어 속 문장'을 따라 쓰며 익혀요.

〈원문-자한 편〉

主忠信 毋友不如己者 過則勿憚改
주충신 무우불여기자 과즉물탄개

58 바른 행동

서두르지 말고 작은 이익을 보려고 하지 마라

〈논어 속 문장〉

서두르지 말고 작은 이익을 보려고 하지 마라. 너무 서두르면 원하는 바를 이루지 못하고 작은 이익을 보려고 하면 큰일을 이룰 수 없다.

▶ 너무 급하게 결과를 바라거나, 작은 욕심을 챙기다 보면 오히려 큰일을 망칠 수 있습니다. 미래를 내다보며 장기적 목표를 세우고, 중간에 한눈팔지 말고 꾸준히 노력하면, 원하는 바를 이룰 수 있습니다.

 가슴에 새기며 한 문장을 따라 써요.

서	두	르	지		말	고		작	은		이
익	을		보	려	고		하	지		마	라.
서	두	르	지		말	고		작	은		이
익	을		보	려	고		하	지		마	라.

'논어 속 문장'을 따라 쓰며 익혀요.

〈원문-자로 편〉

無欲速 無見小利 欲速則不達 見小利則大事不成
무욕속 무견소리 욕속즉부달 견소리즉대사불성

59 바른 행동

멀리 가서는 안 되며 떠날 때는 반드시 가는 곳을 알려야 한다

<논어 속 문장>

부모님이 살아 계실 때는 멀리 가서는 안 되며 떠날 때는 반드시 가는 곳을 알려야 한다.

▶ 집 밖을 나갈 때는 항상 부모님께 내가 가는 곳을 알려 드려야 하며, 너무 멀리 놀러 가서 부모님을 걱정시켜서는 안 됩니다.

가슴에 새기며 한 문장을 따라 써요.

멀	리		가	서	는		안		되	며	
떠	날		때	는		반	드	시		가	는
곳	을		알	려	야		한	다	.		

'논어 속 문장'을 따라 쓰며 익혀요.

<원문-리인 편>

父母在 不遠遊 遊必有方
부모재 불원유 유필유방

60 군자는 사람들과 화합하지만 같지 않다

바른 행동

〈논어 속 문장〉

군자는 사람들과 화합하지만 같지 않고, 소인은 같음에도 사람들과 화합하지 못한다.

▶ 친구들과 어울릴 때 줏대 없이 따라다닌 적이 있나요? 나와 생각이 다른 친구와 잘 지내지 못한 적이 있나요? 군자라면 추구하는 생각이 달라도 서로 잘 어울립니다. 반면 소인은 뚜렷한 소신 없이 그저 남이 하는 대로 따라가지만 잘 어울리지 못합니다.

✏️ 가슴에 새기며 한 문장을 따라 써요.

군	자	는		사	람	들	과		화	합	하
지	만		같	지		않	다	.			
군	자	는		사	람	들	과		화	합	하
지	만		같	지		않	다	.			

📓 '논어 속 문장'을 따라 쓰며 익혀요.

〈원문-자로 편〉

君子和而不同 小人同而不和
군자화이부동 소인동이불화

61 바른 행동
그 사람이 어떤 이유로 그렇게 하는지를 살펴보라

〈논어 속 문장〉

그 사람이 하는 것을 보고 그 사람이 어떤 이유로 그렇게 하는지를 살펴보고 그 사람이 편안하게 여기는 것을 잘 관찰해 보라. 사람이 어찌 자신을 숨기겠는가.

▶ 공자는 평소 행동으로 사람의 됨됨이를 알 수 있다고 말했습니다. 행동을 살피면 그렇게 행동한 동기를 알게 되고 그냥 보는 것이 아니라 꼼꼼히 관찰하면 그 사람의 됨됨이까지 알 수 있습니다.

✏️ 가슴에 새기며 한 문장을 따라 써요.

그 사람이 어떤 이유로 ∨
그렇게 하는지를 살펴보
라.

📝 '논어 속 문장'을 따라 쓰며 익혀요.

〈원문-위정 편〉

視其所以 觀其所由 察其所安 人焉廋哉
시기소이 관기소유 찰기소안 인언수재

62 바른 행동
의롭지 않게 부귀를 얻는 것은 나에게 뜬구름과 같다

〈논어 속 문장〉

거친 밥을 먹고 물을 마시며 팔을 구부려 베개 삼더라도 즐거움이 또한 그 속에 있다. 의롭지 않게 부귀를 얻는 것은 나에게 뜬구름과 같다.

▶ 우리가 행복하다는 것은 돈이나 명예에 있는 것이 아니라 마음속에 있는 것입니다. 그러므로 가진 것이 많다고 해도 올바른 방법으로 얻은 것이 아니라면 헛된 삶이며, 가진 것은 많지 않지만 그 속에서 당당하게 즐길 줄 안다면 떳떳하게 살 수 있습니다.

 가슴에 새기며 한 문장을 따라 써요.

의	롭	지		않	게		부	귀	를		얻
는		것	은		나	에	게		뜬	구	름
과		같	다	.							

'논어 속 문장'을 따라 쓰며 익혀요.

〈원문-술이 편〉

飯疏食飮水 曲肱而枕之 樂亦在其中矣 不義而富且貴 於我如浮雲
반소사음수 곡굉이침지 락역재기중의 불의이부차귀 어아여부운

63 바른 행동
예는 사치스럽기보다는 차라리 검소한 것이 낫다

〈논어 속 문장〉

예는 사치스럽기보다는 차라리 검소한 것이 낫고 장례는 형식을 차리기보다는 차라리 슬퍼하는 것이 낫다.

▶ 예절을 지켜야 할 때나 장례나 제사와 같은 의례를 지낼 때는 사치스럽고 형식적인 것보다는 진심으로 정성껏 하는 것이 더 낫다는 말씀입니다.

✏️ 가슴에 새기며 한 문장을 따라 써요.

📝 '논어 속 문장'을 따라 쓰며 익혀요.

〈원문-팔일 편〉

禮 與其奢也 寧儉 喪 與其易也 寧戚
례 여기사야 녕검 상 여기역야 녕척

64 바른 행동
말이 진실하고 믿음직하면 오랑캐의 나라에서라도 행세할 수 있다

〈논어 속 문장〉

말이 진실하고 믿음직하며 행동이 독실하고 공경스러우면, 비록 오랑캐의 나라에서라도 행세할 수 있다.

▶ 내가 하는 말과 행동을 통해 믿을 만한 사람인지 아닌지를 판단합니다. 사람이 거짓이 없고 말과 행동이 신뢰할 만하다면 다른 사람의 존중을 받게 되며 미워하는 사람이 없습니다.

✏️ 가슴에 새기며 한 문장을 따라 써요.

말	이		진	실	하	고		믿	음	직	하
면		오	랑	캐	의		나	라	에	서	라
도		행	세	할		수		있	다	.	

📓 '논어 속 문장'을 따라 쓰며 익혀요.

〈원문-위령공 편〉

言忠信 行篤敬 雖蠻貊之邦行矣
언충신 행독경 수만맥지방행의

65 바른 행동

현명한 사람은 어지러운 세상을 피하고, 얼굴빛이 좋지 않은 이를 피한다

〈논어 속 문장〉

현명한 사람은 어지러운 세상을 피하고, 그다음 어지러운 지역을 피하고, 그다음 얼굴빛이 좋지 않은 이를 피하고, 그다음 나쁜 말을 피한다.

▶ 무조건 용감하기보다는 피해야 할 때와 용감해야 할 때를 아는 것이 현명한 사람입니다. 세상이 어지러우면 세상을 피해서 살아야 하며, 인상이나 풍기는 기운이 좋지 않은 사람을 알아채어 피하고, 잘못된 말을 하는 사람도 피해서 살아야 한다는 뜻입니다.

 가슴에 새기며 한 문장을 따라 써요.

현	명	한		사	람	은		어	지	러	운	∨
세	상	을		피	하	고	,	얼	굴	빛	이	∨
좋	지		않	은		이	를		피	한	다	.

'논어 속 문장'을 따라 쓰며 익혀요.

〈원문-헌문 편〉

賢者辟世 其次辟地 其次辟色 其次辟言
현자피세 기차피지 기차피색 기차피언

66 바른 행동
공경하지 않는다면 짐승과 무엇으로 구별하겠는가?

〈논어 속 문장〉

요즘의 효라는 것은 물질적으로 봉양하는 것을 말한다. 개나 말도 모두 잘 길러 주고 있는데 공경하지 않는다면 짐승과 무엇으로 구별하겠는가?

▶ 부모님께 효도하는 것은 물질적인 것도 필요하지만 마음을 다해 정성껏 보살펴 드리고 공경하는 것이 중요합니다. 가축을 기르는 것은 먹이를 주는 것과 같은 물질적인 것으로 가능하지만 부모님을 봉양하는 데는 공경하는 마음이 더욱 중요하다는 것을 알려주고 있습니다.

✏️ 가슴에 새기며 한 문장을 따라 써요.

공	경	하	지		않	는	다	면		짐	승
과		무	엇	으	로		구	별	하	겠	는
가	?										

📝 '논어 속 문장'을 따라 쓰며 익혀요.

〈원문-위정 편〉

今之孝者 是謂能養 至於犬馬 皆能有養 不敬 何以別乎
금지효자 시위능양 지어견마 개능유양 불경 하이별호

67 바른 행동
푸짐한 음식을 대접받으면 반드시 얼굴색을 바로잡고 일어나셨다

〈논어 속 문장〉

잠잘 때는 시체처럼 자지 않았으며 집에 머물 때는 표정을 꾸미지 않았다. 푸짐한 음식을 대접받으면 반드시 얼굴색을 바로잡고 일어나셨다.

▶ 공자는 잠자리에서는 몸을 함부로 하거나 나태하지 않았으며, 집에서는 함부로 표정을 짓지 않았으며, 음식을 대접한 주인에게 일어나서 감사를 표했다는 말씀입니다. 공자는 누가 본다고 해서 화려하게 꾸미거나, 누가 보지 않는다고 해서 대충 행동하지 않았다는 뜻입니다.

✏️ 가슴에 새기며 한 문장을 따라 써요.

푸	짐	한		음	식	을		대	접	받	으
면		반	드	시		얼	굴	색	을		바
로	잡	고		일	어	나	셨	다	.		

📝 '논어 속 문장'을 따라 쓰며 익혀요.

〈원문-향당 편〉

寢不尸 居不容 有盛饌 必變色而作
침불시 거불용 유성찬 필변색이작

68 성현의 가르침을 따르지 않으면 역시 도의 경지에 들어갈 수 없다

바른 행동

〈논어 속 문장〉

성현의 가르침을 따르지 않으면 역시 도의 경지에 들어갈 수 없다.

▶ 성인과 현인의 가르침을 배우고 이러한 인물이 되기 위해 노력하지 않는 사람은 지극한 경지에 이를 수 없습니다.

✏️ 가슴에 새기며 한 문장을 따라 써요.

성	현	의		가	르	침	을		따	르	지	∨
않	으	면		역	시		도	의		경	지	
에		들	어	갈		수		없	다	.		

📝 '논어 속 문장'을 따라 쓰며 익혀요.

〈원문-선진 편〉

不踐迹 亦不入於室
불천적 역불입어실

초판 1쇄 인쇄 : 2015년 10월 26일
초판 1쇄 발행 : 2015년 11월 5일
엮은이 : 달빛어린이연구소
펴낸이 : 문미화
펴낸곳 : 책읽는달
주 소 : 서울 영등포구 양평로 149 우림라이온스밸리 1차 A동 1408호
전 화 : 02)2638-7567~8
팩 스 : 02)2638-7571
블로그 : http://blog.naver.com/booknmoon2010
등록번호 : 제2010-000161호

ⓒ달빛어린이연구소, 2015

ISBN 979-11-85053-26-4   73370

*이 책의 무단전재와 무단복제를 금하며, 책 내용의 전부 또는 일부를 이용하려면 반드시 책읽는달의 동의를 받아야 합니다.

*잘못된 책은 본사나 구입하신 곳에서 바꾸어 드립니다. 책값은 뒤표지에 있습니다.